BEI GRIN MACHT SICH IHR WISSEN BEZAHLT

- Wir veröffentlichen Ihre Hausarbeit, Bachelor- und Masterarbeit

- Ihr eigenes eBook und Buch - weltweit in allen wichtigen Shops

- Verdienen Sie an jedem Verkauf

Jetzt bei www.GRIN.com hochladen und kostenlos publizieren

Das Semikolon. Eine Korpusanalyse politischer Reden

Alper Demir

Bibliografische Information der Deutschen Nationalbibliothek:

Die Deutsche Nationalbibliothek verzeichnet diese Publikation in der Deutschen Nationalbibliografie; detaillierte bibliografische Daten sind im Internet über http://dnb.d-nb.de abrufbar.

ISBN: 9783389049990
Dieses Buch ist auch als E-Book erhältlich.

© GRIN Publishing GmbH
Trappentreustraße 1
80339 München

Alle Rechte vorbehalten

Druck und Bindung: Books on Demand GmbH, Norderstedt Germany
Gedruckt auf säurefreiem Papier aus verantwortungsvollen Quellen

Das vorliegende Werk wurde sorgfältig erarbeitet. Dennoch übernehmen Autoren und Verlag für die Richtigkeit von Angaben, Hinweisen, Links und Ratschlägen sowie eventuelle Druckfehler keine Haftung.

Das Buch bei GRIN: https://www.grin.com/document/1490700

Das Semikolon und die Diskursmarker – eine Korpusanalyse politischer Reden

Inhaltsverzeichnis

1. Einleitung 1
2. Theorie 2
   - 2.1. Das Semikolon als Kohäsionsmittel? 2
   - 2.2. Die Diskursmarker und die Anschlussposition 4
   - 2.3. Die Hypothese 6
3. Korpusanalyse 6
   - 3.1. Daten 6
   - 3.2. Auswertung der Daten 7
   - 3.3. Zwischenfazit: ein „sprachwissenschaftliches Dilemma"? 7
   - 3.4. Meine Folgehypothese(-n) und Erklärungsansätze 8
     - 3.4.1. „Die Sprengung" des V2-Satzes 8
     - 3.4.2. Der „handlungsprojizierende Charakter" 9
4. Semikola und Diskursmarker – eine unentdeckte Partnerschaft? 10
   - 4.1. Analyse 10
   - 4.2. Das Paradigma und die Regel(-mäßigkeit) – ein Vorschlag 11
5. Resümee 12

Literaturverzeichnis 13

Das Semikolon und die Diskursmarker – eine Korpusanalyse politischer Reden

1. Einleitung

Das Semikolon ist der Bundespräsident der Interpunktionszeichen. Viele sind sich der Existenz bewusst; doch kaum jemand weiß so recht, wieso es existiert. Grundsätzlich kann das Semikolon dann verwendet werden, wenn ein Punkt zu „stark" und ein Komma zu „schwach" trennen würden (Duden Sprachliche Zweifelsfälle 2016: 838). Bredel (2020: 81) spricht von einer funktionalen Durchlässigkeit. Das Semikolon wäre so ein formales und funktionales „Zwitterwesen", das nur – da es auf einem Gefühl basiert – diffus verwendet und gelehrt werden kann (Duden Sprachliche Zweifelsfälle 2016: 838). Außerdem wird es als stärkeres Trennungszeichen verwendet, wenn beispielsweise Gruppen in Aufzählungen gebildet werden sollen (ebd.: 839). Neben jenen Funktionen akzentuiert z.b. der Journalist Sick (2016), dass dem Semikolon oftmals ein 'denn' oder ein 'aber' folgen („Ich verwende das Semikolon gern vor »denn«"). Mesch (2016) untersuchte diese (vermeintliche) Korrelation. Ihre Leitfrage lautete, ob Konnektoren wie z.b. 'darum' oder 'deswegen' die Nutzung eines Semikolons begünstigen. Die Untersuchung konnte nur einen leichten Zusammenhang feststellen (ebd.). Gillmann (2018) hat dies als Anlass dafür genutzt, das Semikolon und seine Funktion weiter zu erforschen. Ihre These lautet, dass das Semikolon als Kohäsionsmittel beide Teilsätze miteinander verbindet (ebd.: 74). Entgegen Meschs Hypothese (2016) bilden Konnektoren im schriftsprachlichen Gebrauch die Ausnahme bzw. das Semikolon fungiert bereits als Konnektor (Gillmann 2018: 94). Ihre gegenteilige Schlussannahme lautet daher: „Möglicherweise möchte der/die AutorIn häufig durch den Gebrauch des Semikolons markieren, dass eine enge inhaltliche Relation besteht, ohne dies explizit [mit einem Diskursmarker] zu markieren" (ebd.: 99). Gillmann (ebd.: 96) legt nahe, dass das Semikolon vor allem dann verwendet wird, wenn Konnektoren nicht genutzt werden. Das Semikolon ist ein semantisch unspezifischer Konnektor, der präferiert nicht mit Diskursmarkern vorkommt. An dieser Stelle möchte ich ansetzen und den Fokus leicht verlagern. Im Folgenden wird nicht die Korrelation zwischen dem Semikolon und den Konnektoren, sondern zwischen dem Semikolon und den Diskursmarkern betrachtet. Außerdem analysiere ich politische Reden und nicht Zeitungsartikel. Die Reden zielen letztlich auf den Vortrag und sind somit näher am mündlichen Sprachgebrauch. Damit erhoffe ich mir, vermehrt Diskursmarker analysieren zu können. Meine Hypothese lautet, dass Diskursmarker und Semikola sich – wenn auch in unterschiedlichen Sprachkontexten unterschiedlich stark – gegenseitig bedingen. Entgegen Gillmann (2018) möchte ich die „Partnerschaft", nicht die Konkurrenz, hervorheben.

Der Hypothese werde ich im Zweischritt (Theorie/Korpusanalyse) nachgehen. Im Theorieteil möchte ich darlegen, inwiefern das Semikolon als Kohäsionsmittel beschrieben werden kann. Daran anschließend werde ich die Diskursmarker darstellen, um zum Abschluss des Theorieteils meine Hypothese genauer zu eruieren. Danach gilt es, die Hypothese empirisch zu untersuchen. Dafür werde ich eine Korpusanalyse darlegen, auswerten und auf die Theorie rückbeziehen. Es werden Sätze aus politischen Reden betrachtet, die Semikola aufweisen. Diese sollen zwei Teilsätze voneinander trennen. Daraufhin wird analysiert, wie oft Diskursmarker vorzufinden sind. Die Ergebnisse werde ich am Ende resümieren und theoretisch sowie analytisch einordnen. Es werden Erklärungsansätze und Analysemöglichkeiten vorgestellt. Außerdem werde ich darlegen, in welchen Kontexten und mit welcher Regel(-mäßigkeit) Semikola genutzt werden können. Dabei betone ich, dass politische Reden zwischen schriftlicher und mündlicher Normsprache einzuordnen sind. Sie sollten sowohl gut les- als auch gut hörbar sein.

2. Theorie

Im folgenden Theorieteil werde ich zunächst untersuchen, inwiefern das Semikolon als Kohäsionsmittel beschrieben werden kann. Anschließend betrachte ich die Anschlussposition im deutschen Satz und die Diskursmarker. Daraufhin werde ich meine Hypothese über den möglichen Zusammenhang vorstellen.

2.1. Das Semikolon als Kohäsionsmittel?

Gillmann führt in ihrem Zeitungsartikel eine Korpusstudie zu Semikola in der Pressesprache durch. Den Akzent legt sie dabei nicht auf die syntaktische, sondern auf die textsemantische Ebene. Der syntaktische Ansatz hebte allen voran die Funktion für die Sprachverarbeitung hervor (Gillmann 2018: 68). Die unterschiedliche „Durchlässigkeit" der Interpunktionszeichen und dessen Konsequenzen für die Sprachverarbeitung können wie folgt exemplarisch vergegenwärtigt werden:

(1) a. Ich glaube. Meine Freundin spinnt.
    b. Ich glaube; meine Freundin spinnt.
    c. Ich glaube, meine Freundin spinnt.
    d. Ich glaube: meine Freundin spinnt.

Die Sätze 1a und 1b werden koordinativ („Ich glaube und meine Freundin spinnt") und die Sätze 1c und 1d integrativ gelesen („Ich glaube, dass meine Freundin spinnt"). Da jene Verwendungsweisen in der Sprache rudimentär vorzufinden sind, favorisiert Gillmann den textsemantischen Ansatz.

Der textsemantische Ansatz folgt der Hypothese, dass die semantische Beziehung (Explikation, Elaboration etc.) zwischen den Sätzen für die Verwendung eines Semikolons entscheidend sei (ebd.: 72). Das Semikolon wird zu einem semantisch uneindeutigem Medium, das zwei Teilsätze miteinander verbindet.

(2) a. Sie geht in die Schule; er geht in den Urlaub.
    b. Er will nicht über den Tod reden; doch er tut es trotzdem.

Hier herrscht weitestgehend Einigkeit. Die Crux lautet nun, ob das Semikolon präferiert mit Konnektoren bzw. Diskursmarkern wie z.B. ′denn′ oder ′aber′ vorkommt oder nicht und was den ein oder anderen Fall erklären könnte. Da Mesch (2016) den Zusammenhang nur leicht nachweisen konnte, möchte Gillmann (2018) weitere korpusanalytische Untersuchungen anstellen. Ihre für meine Arbeit relevanten Ergebnisse können wie folgt zusammengefasst werden (ebd.):

- Es werden zumeist Teilsätze miteinander verbunden, wobei der zweite Satz i.d.R. den ersten erklärt („Die Tochter geht nicht in die Schule; sie ist krank.").
- Ein Rückbezug durch Deixis oder Koreferenz ist vermehrt zu beobachten („Die Leistung war ein Armutszeugnis; sie konnte nicht gewertet werden.").
- Inhaltlich spezifizierende Konnektoren sind die Ausnahme.

Zusammenfassend kann mit Gillmann (ebd.: 67; 96) festgehalten werden, dass Semikola als Kohäsionsmittel fungieren, in dem sie eine textsemantische Beziehung zwischen koordinierten Teilsätzen anzeigen. Sie treten präferiert dann auf, wenn die Beziehung nicht durch Konnektoren wie z.B. ′denn′ oder ′aber′ explizit markiert werden. Gillmann erklärt sich jenen Sachverhalt damit, dass die Sprecher*innen die Relation zwischen den Sätzen semantisch diffus halten möchten. Durch das Semikolon wird markiert, dass es eine Beziehung gibt, doch welche semantische Beziehung vorliegt, ist uneindeutig.

Grundsätzlich sind die Punkte für den schriftlichen Sprachgebrauch nachvollziehbar. Dort treten Diskursmarker unabhängig vom Semikolon selten auf. Es stellt sich dennoch die Frage, wie plausibel Gillmanns Erklärung erscheint. Wieso beabsichtigen Schreiber- und Sprecher*innen es, den semantischen Bezug diffus zu halten? Es stellt sich auch die Frage, ob die gemeinsamen Vorkommnisse überhaupt so gering sind, dass die Beziehung nur damit erklärt werden kann. Zumal meine sprachliche Intuition und die Intuition weiterer entgegen Gillmanns Erklärung vor ′aber′ oder ′denn′ bevorzugt ein Semikolon setzen möchten: „Ich verwende das Semikolon gern vor »denn«" (Sick 2016). Dieser Intuition gilt es auch nachzugehen; doch bevor ich auf meine Hypothese eingehe und den Zusammenhang näher erforsche, möchte ich die Diskursmarker in Abgrenzung zu den Konnektoren und damit einhergehend die Anschlussposition (AN) vorstellen.

2.2. Die Diskursmarker und die Anschlussposition

Die Anschlussposition bezeichnet in der Topologie den vordersten Bereich eines deutschen Satzes (Pafel 2011: 73). Manche Theorien sprechen daher auch vom Vor-Vorfeld (Imo 2016: 219). Diese Bezeichnung ist insofern irreführend gewählt, als damit teilweise das Feld vor dem Vorfeld – nennen wir es mit Pafel Topikfeld[1] (Pafel 2011: 55) – und teilweise das Anschlussfeld (AN) bezeichnet wird. Jedenfalls kann die Anschlussposition durch Diskurspartikel bzw. -marker besetzt werden. Beide Begriffe (Marker/Partikel) sind synonym zu verwenden. Der Begriff ′Diskurspartikel′ tauchte in den 1980er-Jahren das erste Mal auf (Blühdorn et al. 2017: 312). Er wird noch heute diffus verwendet (Imo 2017: 50). Unter die Gruppen fallen laut Pafel Ausdrücke, die „den inhaltlichen Bezug eines Satzes zu dem vorausgegangenen Diskurs" (Pafel 2011: 73) anzeigen. Andere Autor*innen akzentuieren die pragmatische Funktion stärker. Diskursmarker „verknüpfen nicht mehr Äußerungen auf propositionaler Ebene, sondern projizieren auf pragmatischer Ebene Handlungen wie Begründungen, Einräumungen, Erzählungen etc." (Imo 2017: 50). Diskursmarker deuten voraus, welche Sprechhandlung folgen wird. Imo (2017: 51) spricht in Anlehnung an Gohl/Günther treffend vom „handlungsprojizierenden Charakter". Diskursmarker zeichnen sich allen voran durch ihre topologischen und pragmatischen Eigenschaften aus. Sie können (Pafel folgend) folgende Lücke (Anschlussfeld) besetzen bzw. sind auf diese Position eingeschränkt:

AN   VF   LK   MF

(3) ____ heute geht er in die Schule.
    denn
    und
    aber
    also
    etc.

Damit „sprengen" Diskursmarker die syntaktische Struktur eines typischen deutschen V2-Satzes (Imo 2017: 51). Dies ist ihr wesentliches, syntaktisches Merkmal.

An den Ausdrücken wird auch deutlich, dass zunächst eine strikte Trennung zwischen lexikalischen und syntaktischen Wörtern nötig ist. Geilfuss-Wolfgang und Ponitka (2020: 13) schreiben diesbezüglich: „Die lexikalischen Wörter sind in unserem Lexikon gespeichert und werden durch die syntaktischen Wörter realisiert." Es ist entscheidend,

---

[1] Der Unterschied kann hier vergegenwärtigt werden: „denn [AN] diesen Jungen [TF bzw. Vor-Vorfeld], den [VF] konnte ich nie leiden."

dass eine Inkongruenz möglich ist. Das heißt, dass ein und dasselbe lexikalische Wort – z.B. 'und' – syntaktisch unterschiedlich realisiert werden kann.

(4) a. und den Jungen, den konnte ich nie leiden.   Diskurspartikel
      b. Sie ist geimpft und glücklich.   Konjunktion

Dennoch scheint 'und' ein besonderer Fall zu sein. Es kann behauptet werden, dass 'und' als Diskursmarker zugleich ein Konnektor ist, der zwei Teilsätze miteinander verbindet. Beide Sätze wären parallel zu analysieren.

(5) a. Sie ist glücklich; und sie ist geimpft.
      b. Sie ist glücklich und sie ist geimpft.

Damit wären wir bei der zweiten, wenn auch noch unklareren Trennung zwischen Konnektoren und Diskurspartikeln. Tatsächlich findet sich explizit dazu im Deutschen kaum einheitliche Literatur. Daher habe ich mir zunächst lose Gedanken darüber gemacht, woran die Unterschiede am ehesten deutlich werden könnten. Mit Pafel (2011: 73) kann zunächst wiederholt festgehalten werden, dass Diskursmarker „keine im syntaktischen Sinne koordinierende Funktion" besitzen. Der Akzent liegt dabei auf 'syntaktisch'. Die Verbindung ist vielmehr eine pragmatisch-semantische. Mit dem 'Und' kann stärken Bezug auf den vorherigen Sachverhalt gebildet und markiert werden, dass die Sprachhandlung auf eine bestimmte Art und Weise (Kontrast, Erklärung, Fortführung etc.) fortgeführt wird. Außerdem kommen Diskursmarker präferiert in gesprochener Sprache und laut Pafel, wie oben angeführt, ausschließlich in der Anschlussposition vor (Pafel 2011: 74; Imo 2016: 111). Dieser engen Definition möchte ich trotz aller fachtheoretischen Unstimmigkeiten folgen. Diskursmarker sind somit formal bzw. topologisch streng eingeschränkt, semantisch leer und signalisieren, wie die vorherige Proposition mit der folgenden verbunden ist („handlungsprojizierender Charakter").

Dies scheint nicht bei allen Konnektoren der Fall zu sein. Die Gruppe ist in jeder Hinsicht „freier" als diejenige der Diskursmarker. Als Konnektoren bezeichnet Breindl (2018) z.B. alle „sprachlichen Ausdrücke, die Sätze in eine spezifische semantische Beziehung zueinander setzen können." Diese Unterschiede konnte auch Ortner beobachten. Bestimmte Konnektoren – der Begriff 'Diskursmarker' war noch nicht eingeführt – zeigen im Gegensatz zu anderen Konnektoren „keine Beziehung im Sinne der Verknüpfungslogik", sondern „Vertextungsbeziehungen" an (Ortner 1983: 104). Ich denke, dass die Unterschiede nun ausreichend verdeutlicht werden konnten.

2.3. Die Hypothese

Wenn die Funktionen von Semikola und Diskursmarkern gemeinsam vergegenwärtigt werden, dann eröffnen sich verschiedene theoretische Anknüpfungspunkte. Es stellt sich die Frage, wieso und ob überhaupt beide Einheiten nicht präferiert gemeinsam auftreten. Markieren die Semikola, wie von Gillmann vermutet, (ebd.: 94; 96) „den inhaltlichen Zusammenhang" und machen Diskursmarker ihrer Vermutung nach letztlich obsolet? Ich vermute das Gegenteil. Die Funktionen ergänzen sich gegenseitig. Die Hypothese der „Partnerschaft" zwischen Semikola und Diskursmarker hat mich dazu veranlasst, politische Reden auf ihre Semikolon- und Diskursmarker-Vorkommnisse zu analysieren und auszuwerten.

3. Korpusanalyse

3.1. Daten

Als Korpusbelege für die Untersuchung werden politische Reden aus dem Jahr 2020 zugrunde gelegt. Dies ist u.a. dadurch motiviert, dass Diskursmarker in Textsorten, die auf den Vortrag zielen, öfter vorkommen sollten. So kann beobachtet werden, ob ihnen ein Semikolon vorausgestellt wird. Die Reden sind über das Digitale Wörterbuch der deutschen Sprache frei verfügbar und dürfen gerne überprüft werden (Siehe Literaturverzeichnis). Ich werde vor jeder Rede die Nummer angeben. Das Semikolon kommt insgesamt 372-mal vor (n). Davon werde ich die ersten 40 bezüglich ihrer Gemeinsamkeiten und Unterschieden genauer analysieren. Im Idealfall erhalte ich ein Muster und exemplarische Beispiele, die ich untersuchen kann. Diese Arbeit kann selbstverständlich nicht eine detaillierte empirische Arbeit ersetzen. Dennoch kann die Arbeit – so hoffe und denke ich – verschiedene, im Idealfall neue Denkanstöße geben.

Tab. 1: Belegung der Anschlussposition durch Diskursmarker nach einem Semikolon; insgesamt

AN belegt durch Diskursmarker: 'denn'	73 (19,62 %)
AN belegt durch Diskursmarker: 'auch'	5 (1,37 %)
AN belegt durch Diskursmarker: 'und'	36 (9,68 %)
AN belegt durch Diskursmarker: 'aber'	17 (4, 57 %)
Summe der Belegung der AN	**131 (35,22 %)**
Gesamtzahl an Semikola	**372 (100,00 %)**

Tab. 2: Belegung der Anschlussposition durch Diskursmarker nach einem Semikolon; ersten 40 Fälle

AN belegt durch Diskursmarker: 'denn'	9 (22,5 %)
AN belegt durch Diskursmarker: 'auch'	1 (2,5 %)
AN belegt durch Diskursmarker: 'und'	0 (0,0 %)
AN belegt durch Diskursmarker: 'aber'	5 (12,5 %)
Summe der Belegung der AN	**15 (37,5 %)**
Gesamtzahl an Semikola	**40 (100,00 %)**

3.2. Auswertung der Daten

Aus den Daten kann entnommen werden, dass die Anschlussposition nach Semikola von Diskurspartikeln auffällig oft besetzt wird. Insgesamt wird die Anschlussposition bei 35,22 % der Fälle besetzt. Wenn dann auch noch berücksichtigt wird, dass n (372) nicht nur die Semikola beinhaltet, die Teilsätze miteinander verbinden, sondern z.b. auch Aufzählungs-[2] oder Einschub-Semikola[3], dann ist die Anzahl signifikant oder zumindest nicht zu ignorieren. Bei 40 Fällen tritt das Aufzählungssemikolon zwei Mal und das Einschub-Semikolon ein Mal auf. Damit wären wir, wenn nur die Semikola betrachtet werden, die zwei Teilsätze miteinander verbinden, bei etwa 40,00 % Besetzung der Anschlussposition. Die Daten bestätigen, dass das Semikolon auch in der Regel zwei asyndetische Teilsätze miteinander verbindet. Deiktische Ausdrücke traten ebenfalls auffällig oft auf. In diesen beiden Punkten herrscht eine Übereinstimmung. Die Diskussionsfrage lautet nun, wieso die Anschlussposition bzw. die Diskurspartikel bisher – zumindest meiner Recherche zufolge – kein Untersuchungsgegenstand im Zusammenhang mit Semikola wurde und wie die Daten nun in die Theorie eingeordnet werden können. Vorher möchte ich kurz resümieren.

3.3. Zwischenfazit: ein „sprachwissenschaftliches Dilemma"?

Gillmann (2018: 67) sprach vom Semikolon als Kohäsionsmittel, das die inhaltliche Beziehung anzeigt. Es hätte dementsprechend eine primär (text-)semantische Funktion. Damit wäre eine weitere Markierung nahezu obsolet. Semikola und Konnektoren bzw. Diskursmarker wären in einer formalen Konkurrenz um die textsemantische Funktion. Meine Untersuchung hat jedoch aufzeigen können, dass Diskursmarker, die die folgende Sprachhandlung (z.B. Erklärung durch ´denn´) explizieren, dafür zu häufig vorkommen. Sie akzentuieren den pragmatischen Aspekt stärker. Das sprachwissenschaftliche „Problem" würde mit Gillmann darin gegründet liegen, dass zwei Einheiten (Semikola und Diskurspartikel in der Anschlussposition) nach ihrer Analyse ähnliche Funktionen haben, jedoch dafür (zumindest im Mündlichen) auffällig oft gemeinsam auftreten (wollen). Das Dilemma würde wie folgt aussehen: Semikola und Diskursmarker sind entweder „Partner" oder „Konkurrenten". Wenn sie Konkurrenten sind, dann können sie sich funktional gegenseitig ersetzen und benötigen nicht einander. Sie treten

---

[2] Exemplarisch wäre hier Beispiel 46 zu nennen: „Plätze, Parks, Cafés; Schulen, Ausbildungsstätten und Hochschulen;"
[3] Den Neologismus verwende ich in Anlehnung an Kommata, die Einschübe markieren. Das Semikolon übernimmt in manchen Sätzen eine ähnliche Funktion. Exemplarisch wäre hier Beispiel 35 zu nennen: „Wenn innerhalb einer vereinbarten Frist oder auch der gesetzlichen nicht bezahlt wird, ist die Regel so, dass Mahngebühren anfallen und auch bezahlt werden müssen; gar kein Thema."

dementsprechend präferiert getrennt auf (= Gillmanns Position). Wenn sie hingegen „Partner" wären, dann würden sie sich – in unterschiedlichen Kontexten unterschiedlich stark – „unterstützen". Sie würden präferiert gemeinsam auftreten (Siehe Sick 2016). Es ist jedoch uneindeutig ob und wenn, wer wen (im Sinne der Rektion) stärker „regiert". Zwei Erklärungsmöglichkeiten könnten wie folgt lauten. Ich werde im Verlauf detaillierter und anhand von Beispielen auf beide eingehen.

  a) Diskursmarker zeichnen sich durch den „handlungsprojizierenden Charakter" für den Folgesatz aus. Dieser wiederum steht in einer engen Beziehung zum vorherigen Satz. Die „engere" Beziehung wird durch das Semikolon, das weniger „durchlässig" als ein Punkt und „durchlässiger" als ein Komma ist, markiert. Der Diskursmarker, dessen Nutzung eine engere Beziehung zwischen den Teilsätzen impliziert, „fordert" somit das Semikolon. Neben der textsemantischen würde die syntaktische Funktion des Semikolons wieder in den sprachwissenschaftlichen Vordergrund geraten (Bredel 2020: 81).
  b) Durch das Semikolon qua Konnektor wird die engere Beziehung zwischen den Teilsätzen hervorgehoben. Daraufhin kann die Beziehung durch Diskursmarker spezifiziert werden. Dies wird in schriftlichen Sprachkontexten seltener benötigt als in mündlichen und somit könnte die unterschiedliche Nutzungshäufigkeit erklären.

3.4. Meine Folgehypothese(-n) und Erklärungsansätze

Im Folgenden möchte ich verschiedene Erklärungsansätze zur Diskussion anbieten. Da ich mich auf einem sprachwissenschaftlich neuen und damit unsicheren Terrain „bewege", möchte ich hervorheben, dass kein Ansatz einen Absolutheitsanspruch hat und haben kann. „Spekulativere" Ansätze werde ich daher in die Fußnoten verlagern.

3.4.1. „Die Sprengung" des V2-Satzes

Da Semikola und Diskurspartikel besonders in der gesprochenen Sprache gehäuft gemeinsam genutzt werden, vermute ich, dass die Mündlichkeit aus verschiedenen Gründen eine Rolle spielen könnte. Zum Beispiel wäre es interessant zu analysieren, ob die Nutzung von Semikola auch damit korreliert, dass die darauffolgenden Teilsätze nicht dem typischen deutschen V2-Satz ähneln. Sätze, die mündlich vorgetragen werden/wurden und dann verschriftet werden/wurden, könnten potentiell diese Eigenschaft aufweisen. Dies ist besonders der Fall, wenn beispielsweise Interviews transkribiert werden. Das kann ich zum Teil auch schon aus meinen Daten beobachten:

(6) 35: Rede von Christine Lambrecht, 01.07.2020: „Wenn innerhalb einer vereinbarten Frist oder auch der gesetzlichen nicht bezahlt wird, ist die Regel so, dass Mahngebühren anfallen und auch bezahlt werden müssen; gar kein Thema."

Die sprachliche Einheit nach dem Semikolon ist in dem Beispiel (6) nicht satzwertig. Würde der vorherige Satz mit einem Punkt beendet werden, wäre der darauffolgende Ausdruck *gar kein Thema* ungrammatisch. Das Semikolon verhindert dies. Jene Beobachtung würde, wenn Imos Punkt (Imo 2017: 51) der „Sprengung" des deutschen V2-Satzes durch die Diskursmarker erneut vergegenwärtigt wird, auch die Korrelation zwischen den Diskursmarkern und dem Semikolon in Teilen erklären. Diskursmarker „sprengen" durch ihre notwendige Existenz in der Anschlussposition qua Definition den „typischen" deutschen Satz. Daher kann es sein, dass Schreiber*innen den vorherigen Satz nicht mit einem Punkt beenden und damit symbolisieren wollen, dass der darauffolgende ein eingeständiger und korrekter/typischer deutscher Satz ist, sondern dass der Satz distanziert fortgeführt wird. Aus meinen Daten ist auch kein Punkt vor einem 'denn' zu finden. Ähnlich könnte das folgende Beispiel (7) analysiert werden:

(7) 163: Rede von Frank-Walter Steinmeier, 26,03.2020: „Der Taxifahrer oder die Musikerin, denen von einem auf den anderen Tag die Einnahmen wegbrechen; genauso den Kneipenbesitzer und Restaurantbetreiber.

Das „Einschubs-Semikolon" wird hier – so meine ich – analog zum Komma verwendet. Es könnte auch durch das Komma ersetzt werden.

3.4.2. Der „handlungsprojizierende Charakter"

Außerdem betonte Gillmann mehrfach, dass Semikola eine inhaltliche Beziehung markieren (Gillmann 2018: 67), jedoch nicht, welche Beziehung konkret markiert wird. Das Semikolon symbolisiert die Beziehung maximal abstrakt. Wenn eine spezifische Beziehung markiert bzw. eine spezifische Sprachhandlung eingeleitet werden möchte, dann sollten Diskursmarker verwendet werden. Dies hängt mit ihrem „handlungsprojizierenden Charakter" (Imo 2017: 51) zusammen. Bei der Verschriftlichung wird dann eine semantisch leere, pragmatisch uneindeutige und syntaktische „schwach" verknüpfende Einheit gefordert. Dies würde auch die Intuition vieler erklären, wieso sie Semikola dann setzen möchten, wenn sie 'denn' verwenden: Sick (2016) erklärt die Verwendung wie folgt: „Die Konjunktion »denn« steht oft am Anfang eines neuen Satzes, bildet aber einen logischen Anschluss an den vorangegangenen" (Sick 2016). Er möchte mit 'denn' einen logischen Anschluss symbolisieren und daher verwendet er das Semikolon als abstrakten Konnektor (Siehe oben: Möglichkeit b)). Wenn Diskurspartikel die Anschlussposition belegen, dann ist es wahrscheinlicher, dass Semikola gesetzt werden; denn durch die Diskursmarker wird der Inhalt der vorherigen Proposition wieder aufgenommen und pragmatisch verarbeitet. Das Semikolon als Konnektor unterstützt dabei jenen textsemantischen Vorgang.

4. Semikola und Diskursmarker – eine unentdeckte Partnerschaft?

Im folgenden Kapitel möchte ich anhand meiner Korpusdaten exemplifizieren, wie die („stumme")[4] Partnerschaft zwischen dem Semikolon und den Diskursmarkern zu analysieren wäre. Anschließend werde ich ein Paradigma und eine „Nutzungsregel" anbieten.

4.1. Analyse

Im Folgenden werde ich darlegen, wie Sätze mit Semikola und Diskursmarkern analysiert werden könnten. Dafür betrachten ich zunächst folgenden Satz:

(8) 6: Rede von Julia Klöckner, 03.07.2020: „Wenn Fleisch als Lockmittel herhalten muss, um Käufer in den Laden zu bekommen, dann halte ich das ethisch für bedenklich; denn Billigpreise bei Fleisch und Wurst geben niemals den wahren Wert wieder."

Das Beispiel (8) wäre ein prototypischer Fall. Durch den Diskursmarker ´denn´ möchte Klöckner explizit aufzeigen, dass die darauffolgende Proposition eine Erläuterung der vorhergehenden ist. Sie leitet ihre Sprechhandlung mit dem Diskursmarker ´denn´ ein. Der typische deutsche V2-Satz wird „gesprengt". Da nach der Verwendung des Diskursmarkers dann ein Punkt die Konnekte zu „stark" trennen würde, wird ein Semikolon qua Konnektor verwendet. Dies wäre die Bewegung vom Diskursmarker zum Semikolon. Der Diskursmarker hebt die Art und Weise der Beziehung hervor und das Semikolon symbolisiert dann die engere Beziehung zwischen den Teilsätzen. Es kann jedoch auch mit guten Gründen umgekehrt argumentiert werden. Zunächst wird ein Semikolon gesetzt, um die Beziehung zwischen den Sätzen zu markieren. Anschließend wird durch die Diskursmarker expliziert, welche Art von Beziehung vorliegt. Dies gilt vor allem für politische Reden, die vermehrt Explikationen aufweisen (sollten). ´Denn´ ist auch insofern ein besonderer Marker, als er zu denjenigen gehört, die nicht obligatorisch sind. (8) kann ich problemlos auch ohne ´denn´ lesen. Anders sieht es mit ´aber´ aus:

(9) 17: Rede von Jens Spahn, 02.07.2020: „Für unsere familiäre Situation und die Situation des Pflegebedürftigen wäre eine stationäre Unterbringung eigentlich besser; aber wir können sie uns nicht leisten."

---

[4] Meine Vermutung lautet, dass die oben erläuterte Möglichkeit a), aber auch b), durch die Annahme bestärkt werden können, dass Diskursmarker zum Teil „stumm" realisiert werden. Dies würde auch erklären, wieso sie im Schriftlichen seltener auftauchen. Die Analyse würde wie folgt aussehen:
3: Rede von Jens Spahn, 02.07.2020: „Die bieten das [die Tests] jeden Tag an; die Bürger wollen das nutzen". Der Satz kann wie folgt interpretiert werden: „Die bieten das [die Tests] jeden Tag an; und/denn/weil die Bürger wollen das nutzen".
Da mir bewusst ist, wie schwierig und zum Teil arbiträr die Hypothese der „stummen" Realisierung ist, möchte ich darauf im Folgenden nicht mehr eingehen. Nur in der Analyse wird sie implizit von Relevanz sein.

Grundsätzlich können wir in (9) Ähnliches analysieren. Durch das Semikolon werden beide Sätze miteinander verknüpft (= Konnektor). Diese Verbindung wird durch den Diskursmarker ′aber′ konkretisiert. Es handelt sich um eine Kontrastbeziehung. Der Diskursmarker ist jedoch obligatorisch. Anders sieht es im Beispiel aus (10).

(10) 30: Rede von Hubertus Heil, 02.07.2020: „Susanne Holtkotte ist heute hier; sie sitzt da oben auf der Besuchertribüne."

In (10) finden wir keinen Diskursmarker. Die textsemantische Beziehung bzw. der Bezug des zweiten Konnekts zum ersten kann mit Gillmann (ebd.) im weiten Sinne als ′ähnlicher Sachverhalt′ oder sogar ′Explikation′ beschrieben werden. Die Diskursmarker, die hier angebracht wären, lauten ′und′ oder ′denn′ (Siehe dazu Fußnote 5). Der Sprecher bzw. die Schreiberin sah es jedoch nicht für notwendig an, sie zu verwenden. Dies kann mit Gillmann (2018: 99) folgend damit begründet werden, dass die inhaltliche Beziehung diffus bleiben soll: „Möglicherweise möchte der/die AutorIn häufig durch den Gebrauch des Semikolons markieren, dass eine enge inhaltliche Relation besteht, ohne dies explizit [mit einem Diskursmarker] zu markieren". Über eine andere Möglichkeit habe ich in der Fußnote 5 spekuliert. Die Sätze könnten jedenfalls wie folgt gelesen werden.

(11) a. Susanne Holtkotte ist heute hier; und sie sitzt da oben auf der Besuchertribüne.
b. Susanne Holtkotte ist heute hier; denn sie sitzt da oben auf der Besuchertribüne.

Die Aufgabe der Interpretation der Sprachhandlung wird den Lesenden- bzw. Hörenden anvertraut.

4.2. Das Paradigma und die Regel(-mäßigkeit) – ein Vorschlag

Das Paradigma bzw. der Kontext, in dem Semikola präferiert auftauchen, und die darauf basierende Regel(-mäßigkeit) könnte nun wie folgt aussehen:

a) Paradigma

[Teilsatz 1]; [Diskursmarker] [Teilsatz 2].
[Ich bin glücklich]; [aber] [heute enden die Ferien].

b) „Regel"
Verwende das Semikolon genau dann, wenn du deinen folgenden Teilsatz mit einem Diskursmarker wie z.B. ′denn′ oder ′aber′ einleitest und so mit dem vorherigen Teilsatz verknüpfen möchtest. Wenn du deine Sprachhandlung nicht explizieren willst, dann lasse den Diskursmarker weg; und vertraue deinen Leser*innen, dass sie wissen, welcher Marker dort angebracht wäre.

Der Punkt b) beschreibt eine Regel im Sinne der Regelmäßigkeit. Das Semikolon bleibt fakultativ, doch es könnten gewisse Kontexte bzw. Paradigmen aufgestellt werden, die potentiell den Einsatz eines Semikolons begünstigen. Mein Vorschlag wäre u.a. das Paradigma in a). Außerdem bieten sich Teilsätze an, die nicht dem typischen deutschen V2-Satz gleichen und nicht satzwertig sind (Siehe Kapitel 3.4.1.).

5. Resümee

In meiner Arbeit habe ich die Korrelation zwischen Semikola und Diskursmarkern untersucht. Meine theoretische Ausgangslage war Gillmanns (2018) Korpusanalyse. In dieser hatte sie hervorgehoben, dass Semikola im schriftlichen Sprachgebrauch präferiert nicht mit Konnektoren wie z.b. ʹdennʹ oder ʹaberʹ auftreten. An diesem Punkt hatte ich – motiviert durch meine und die gegenteilige Intuition anderer (Sick 2016) – angesetzt. Dafür habe ich zunächst darstellt, inwiefern Semikola als Kohäsionsmittel und Konnektoren beschrieben werden können. Daraufhin habe ich erläutert, wie Diskursmarker zu definieren und von ʹKonnektorenʹ abzugrenzen sind. Dem folgte meine Hypothese, dass Diskursmarker und Semikola „Partner" sind, die sich in unterschiedlichen Kontexten unterschiedlich „stark" (im Sinne der Rektion) „fordern". Die Korpusanalyse könnte die Hypothese zumindest ansatzweise bestätigen. Die gemeinsamen Vorkommnisse sind nicht zu ignorieren. Daraufhin habe ich letztlich untersucht, wie die Ergebnisse zu interpretieren und theoretisch einzuordnen wären. Mit meiner Analyse konnte ich darlegen, wie die „Partnerschaft" theoretisch und analytisch begründbar wäre. Ich wollte aufzeigen, in welchen Kontexten und mit welcher Regelmäßigkeit Semikola präferiert auftreten könnten. Im Allgemeinen kann ich festhalten, dass viele Ergebnisse – und das ist für die „junge" Semikola-Forschung erfreulich – mit denjenigen von Gillmann (Gillmann 2018) übereinstimmen. Nur über das Verhältnis (Partnerschaft/Konkurrenz) zwischen Semikola und Konnektoren bzw. Diskursmarker herrscht keine Einigkeit. Daran kann theoretisch angeknüpft werden. Die folgenden Fragen könnten lauten: Wie lassen sich Diskursmarker von Konnektoren unterschieden? Wo liegt der Unterschied zwischen dem Vor-Vorfeld und der Anschlussposition? Wieso wurde die Korrelation zwischen Diskursmarkern und Semikola bisher nicht bzw. kaum betrachtet? Was könnte den Unterschied zwischen den Vorkommnissen in Zeitungsartikeln und politischen Reden erklären? Könnte ein Muster für die Nutzung von Semikola – z.B. wie von mir vorgeschlagen unmittelbar vor Diskursmarkern in Anschlusspositionen – erarbeitet werden? Welche sprachliche Einheit regiert wen bzw. regiert irgendjemand irgendjemanden? Sollte für eine „Partnerschaft" oder eine „Konkurrenz" argumentiert werden? Korreliert die Nutzung des Semikolons mit der „Sprengung" des deutschen V2-Satzes?

Jedenfalls sollte das Semikolon, aber auch die Diskursmarker und die Anschlussposition, weiterhin theoretisch sowie korpusanalytisch untersucht werden, um gewisse Erklärungsansätze zu überprüfen und gegebenenfalls zu falsifizieren.

Korpus

Der deutsche Wortschatz von 1600 bis heute (DWDS): Politische Reden, in: https://www.dwds.de/r/?q=%3B&corpus=politische_reden&date-start=2020&date-end=2020&format=kwic&sort=date_desc&limit=100 (03/08/21, 13:00 Uhr).

Literaturverzeichnis

Blühdorn, Hardarik; Deppermann, Arnulf; Helmer, Henrike; Spranz-Fogasy, Thomas (Hg.) (2017): Diskursmarker im Deutschen. Reflexionen und Analysen, Göttingen: Verlag für Gesprächsforschung.

Bredel, Ursula (2020): Interpunktion, Zweite, durchgesehene und aktualisierte Auflage, Heidelberg Neckar: Universitätsverlag Winter (Kurze Einführungen in die germanistische Linguistik - KEGLI).

Breindl, Eva (2018): Konnektoren. Online verfügbar unter https://grammis.ids-mannheim.de/systematische-grammatik/1182.

Duden Sprachliche Zweifelsfälle (2016): Duden -Das Wörterbuch der sprachlichen Zweifelsfälle, Richtiges und gutes Deutsch, Berlin: Bibliographisches Institut (Duden Bibliothek).

Geilfuß-Wolfgang, Jochen; Ponitka, Sandra (2020): Der einfache Satz (LinguS).

Gillmann, Melitta (2018): Das Semikolon als Kohäsionsmittel. Eine Korpusstudie in der überregionalen Pressesprache, in: ZGL 46 (1), S. 65–101.

Imo, Wolfgang (2016): Grammatik. Eine Einführung, 1st ed., Stuttgart: J.B. Metzler'sche Verlagsbuchhandlung und Carl Ernst Poeschel Verlag GmbH.

Imo, Wolfgang (2017): Diskursmarker im gesprochenen und geschriebenen Deutsch, in: Hardarik Blühdorn, Arnulf Deppermann, Henrike Helmer und Thomas Spranz-Fogasy (Hg.): Diskursmarker im Deutschen. Reflexionen und Analysen, Göttingen: Verlag für Gesprächsforschung, S. 49–72.

Mesch, Birgit (2016): Semikolon – Zwischen Punkt und Komma?, Comeback eines totgeschwiegenen Interpunktionszeichens, in: Ralph Olsen, Simona Colombo-Scheffold und Christiane Colombo-Scheffold (Hg.): Ohne Punkt und Komma. Beiträge zur Theorie, Empirie und Didaktik der Interpunktion, Berlin: Rabenstück, S. 170–200.

Pafel, Jürgen (2011): Einführung in die Syntax, Grundlagen - Strukturen - Theorien, Stuttgart, Weimar: Verlag J.B. Metzler.

Sick, Bastian (2016): Wofür ist das Semikolon gut? Online verfügbar unter https://bastiansick.de/kolumnen/zwiebelfisch/wofuer-ist-das-semikolon-gut/.

BEI GRIN MACHT SICH IHR WISSEN BEZAHLT

- Wir veröffentlichen Ihre Hausarbeit, Bachelor- und Masterarbeit

- Ihr eigenes eBook und Buch - weltweit in allen wichtigen Shops

- Verdienen Sie an jedem Verkauf

Jetzt bei www.GRIN.com hochladen und kostenlos publizieren